AF119226

BEI GRIN MACHT SICH IHR WISSEN BEZAHLT

- Wir veröffentlichen Ihre Hausarbeit,
  Bachelor- und Masterarbeit

- Ihr eigenes eBook und Buch -
  weltweit in allen wichtigen Shops

- Verdienen Sie an jedem Verkauf

Jetzt bei www.GRIN.com hochladen
und kostenlos publizieren

Bibliografische Information der Deutschen Nationalbibliothek:

Die Deutsche Bibliothek verzeichnet diese Publikation in der Deutschen National-
bibliografie; detaillierte bibliografische Daten sind im Internet über http://dnb.d-
nb.de/ abrufbar.

Impressum:

Copyright © 2009 GRIN Verlag, Open Publishing GmbH
Druck und Bindung: Books on Demand GmbH, Norderstedt Germany
ISBN: 9783640508952

Dieses Buch bei GRIN:

http://www.grin.com/de/e-book/141902/der-baer-und-das-gas

Patrick von Krienke

Der Bär und das Gas

Vergleichende Betrachtung aktueller politikwissenschaftlicher Literatur zur Außenpolitik Russlands unter besonderer Berücksichtigung der Energiebeziehungen.

GRIN Verlag

GRIN - Your knowledge has value

Der GRIN Verlag publiziert seit 1998 wissenschaftliche Arbeiten von Studenten, Hochschullehrern und anderen Akademikern als eBook und gedrucktes Buch. Die Verlagswebsite www.grin.com ist die ideale Plattform zur Veröffentlichung von Hausarbeiten, Abschlussarbeiten, wissenschaftlichen Aufsätzen, Dissertationen und Fachbüchern.

Besuchen Sie uns im Internet:

http://www.grin.com/

http://www.facebook.com/grincom

http://www.twitter.com/grin_com

Helmut-Schmidt-Universität

Universität der Bundeswehr, Hamburg

Fakultät für Wirtschafts- und Sozialwissenschaften

Holzminden, 12.09.2008

Hausarbeit zum Sommermodul 2009: Literaturvergleich

Der Bär und das Gas

Vergleichende Betrachtung aktueller politikwissenschaftlicher Literatur zur Außenpolitik Russlands unter besonderer Berücksichtigung der Energiebeziehungen.

Vorgelegt von:

Patrick von Krienke

Gliederung

I. Einleitung

I.1   Bücher und Auswahl

Nach dem Zusammenbruch der Sowjetunion, einer Phase des Chaos und einer zunächst langsamen, schließlich geradezu rasanten wirtschaftlichen Entwicklung, ist Russland inzwischen endgültig wieder als Mitspieler in der internationalen Politik angekommen. Dieses neue Russland unterscheidet sich aber in Interna, Handlungsweise und Motiven so von der damaligen UdSSR, dass eine Einschätzung schwer fällt. Einige Experten sehen in dem Land zwischen Kaliningrad und Kamschatka sogar das größte Chaospotential der bestehenden und zukünftigen Weltordnung..[1]

Dass Deutschland und Europa – insbesondere durch die Abhängigkeit von russischen fossilen Energieträgern – so eng mit diesem Akteur verbunden sind, macht die Beziehungen zu Russland zu einem ausgesprochen interessanten Politkfeld. Damit korrespondiert auch die große Anzahl an existierenden Veröffentlichungen zum Thema. Für die vorliegende Arbeit habe ich daher drei Werke gewählt, welche sich mit der neueren und neusten russischen Außenpolitik, mit besonderem Augenmerk auf die Energiefrage, beschäftigen. Da sich das Themenfeld einer gewissen öffentlichen, wie wissenschaftlichen Popularität erfreut, war es kein Problem mehrere geeignete Monographien zu finden. Das jede der Veröffentlichungen einen jeweils anderen Schwerpunkt hat, liegt in der Natur der Sache.

Folgende Titel werden in dieser Arbeit besprochen:

1. Rahr, Alexander: Russland gibt Gas. Die Rückkehr einer Weltmacht, München 2008.
2. Rippert, Sébastien: Die energeipolitischen Beziehungen zwischen der Europäischen Union und Russland 2000-2007, Forum junge Politikwissenschaft, Band 16, Bonn 2008.
3. Bugajski, Janusz: Expanding Eurasia. Russia's European Ambitions, Center for Strategic and International Studies, Washington D.C. 2008.

Die Auswahl der Bücher fand in erster Linie nach Relevanzkriterien statt. Dabei war die Vorgabe

---

1   Vgl.: Müller, Harald: Festvortrag zur Eröffnung der 26. Sommerakademie des ÖFSK, Stadtschlaining, 05.07.2009, belegt in: Roithner, Thomas, Leitner Georg, Hackl, Andreas: Söldner- Schurken- Seepirtaten. Eine Nachlese zur Shlaininger Sommerakademie 2009, in: Verein Österreichisches Studienzentrum für Frieden und Konfliktlösung (Hrsg.): Friedens-Forum, Hefte zur Friedensarbeit, 23. Jahrgang, Heft 5-6, S. 7

für diese Arbeit sich auf wissenschaftliche Literatur zu beschränken. Eines der zu besprechenden Werke sollte in englischer Sprache verfasst sein. Die oben genannten Titel ergaben sich nach Rücksprache mit der betreuenden Dozentin. Neben der inhaltlichen Relevanz wurde ferner ein Augenmerk auf die Aktualität der Veröffentlichungen gelegt. Um eine möglichst aktuelle Betrachtung des Problemfeldes in einem ähnlichen Zeitfenster sicherzustellen. So sind alle drei Monographien in den Jahren 2007 und 2008 erschienen. Von der Besprechung eines anderen Buches: Götz, Friedrich: Russlands Gas. Chance für Europa, Books-on-Demand, Norderstedt 2008., wurde abgesehen. Bei diesem Titel stand die Wissenschaftlichkeit in Frage. Statt ihm ist der Rippert in die Betrachtung eingegangen.

I.2   Vorgehensweise

Um die oben benannte Literatur eingehend und möglichst umfassend zu besprechen und zu bewerten, wurde die nachfolgende Vorgehensweise gewählt, die auch für die Gliederung der Arbeit maßgeblich ist. Dabei werden zunächst alle drei Titel kurz vorgestellt. Hierzu werden der Inhalt und die wesentlichen Aussagen des jeweiligen Buches kurz umrissen. Auch wird der Veröffentlichungszusammenhang beleuchtet und die Autoren vorgestellt.

In der darauf folgenden Betrachtung wird auf die Unterschiede zwischen den Werken eingegangen. Hierbei stehen die expliziten und impliziten Aussagen und Argumentationsketten der Autoren im Mittelpunkt, da sich diese zum Teil stark unterscheiden. Auch werden Arbeitsweise und Themenausgestaltung in den Monographien in die Betrachtung mit einbezogen.

Im Bewertungsteil wird schließlich intensiv auf die einzelnen Titel eingegangen. Die umreißenden Betrachtungen aus dem ersten Teil werden hierbei vertieft. Dadurch sollen neben den herausgearbeiteten Kernpunkten auch detaillierte Ansichten und Bewertungen der vorgestellten Werke geleistet werden. Zusammen mit den vergleichenden Betrachtungen aus dem zweiten Teil ergibt sich so ein detailliertes Bild der jeweiligen Veröffentlichung.

Ein abschließendes Fazit mit eigener Bewertung des Themenkomplexes und der verschiedenen Blickwinkel auf diesen, sowie eine Bewertung der Monographien schließt die Arbeit ab.

II. Vorstellung der Titel

II.1   Alexander Rahr: Russland gibt Gas. Die Rückkehr einer Weltmacht, München 2008.

Die 2008 bei Hanser in München verlegte Monographie „Russland gibt Gas" von Alexander Rahr widmet sich auf 280 gebundenen Seiten der russischen Rückkehr als Weltmacht.[2] Hierfür wählt der Autor eine eher populärwissenschaftliche Herangehensweise.

Er bedient sich zunächst der journalistischen Arbeitstechnik des Schlaglichts, indem er an populäre Alltagserfahrungen mit heutigen Russen anknüpft. Daraus entwickelt er ein in sich stimmiges Russlandbild, das sowohl wirtschaftliche, als auch gesellschaftliche und politische Aspekte kumuliert. Dieses Kapitel, das mit „Russland als Gegner,".[3] überschrieben ist, vereint vor allem Kritik am heute real existierenden Russland.

Der zweite Teil des Buches beleuchtet dann die Hintergründe der aufgezeigten Realität und geht dabei vor allem auf den Machtfaktor Energie ein. Entsprechend der Philosophie des „moderne[n] Great Game"[4], wird in diesem Teil ein Russlandbild als Konkurrent herausgearbeitet. Im Zuge dessen geht der Autor auch auf die innerrusssichen Machtkonstellationen ein.

Im dritten und abschließenden Teil des Buches, beschäftigt sich Rahr mit der Zusammenarbeit mit Russland, unter besonderer Berücksichtigung der Deutsch-Russischen Beziehungen.[5] Nachdem er in einer fiktiven Gesprächsrunde die bisherigen Fakten zusammengefasst hat, ergeht sich Rahr in einigen Zukunftsprognosen, die sich personell auf Putin[6] und Medwedew[7] konzentrieren.

Der Autor, Alexander Rahr, ist 1959 geboren und deutscher Politikberater. Er arbeitet für die Deutsche Gesellschaft für Auswärtige Politik (DGAP). Er hat Osteuropäische Geschichte, Neuere Geschichte und Politik in München studiert.[8] Er gilt als Russlandkenner und ist Mitglied des Lenkungsausschusses des Petersburger Dialoges. Ferner kennt er die meisten führenden russischen Politiker persönlich und unterhält regelmäßige Beziehungen in führende Kreise der russischen Politik. Er wird als russlandfreundlich eingeschätzt.[9]

---

2 Vgl. Rahr, Alexander: Russland gibt Gas. Die Rückkehr einer Weltmacht, München 2008
3 Ebd., S. 1.
4 Vgl. Ebd., S. 105 ff.
5 Vgl. Ebd., S. 187 ff.
6 Vgl. Ebd., S. 250 ff.
7 Vgl. Ebd., S. 262 ff.
8 Vgl. http://www.petersburger-dialog.de/alexander-rahr (Abruf vom 01.09.2009).
9 Vgl.: Rippert, Sébastien: Die energeipolitischen Beziehungen zwischen der Europäischen Union und Russland 2000-2007, Forum junge Politikwissenschaft, Band 16, Bonn 2008, S. 22.

II.2   Sébastien Rippert: Die energeipolitischen Beziehungen zwischen der Europäischen Union und Russland 2000-2007, Forum junge Politikwissenschaft, Band 16, Bonn 2008.

Ebenfalls im Jahr 2008 erschien die broschierte Monographie von Sébastien Rippert im Bouvier Verlag in Bonn. Es ist Band in der Reihe „Forum junge Politikwissenschaft". Bei der vorliegenden Veröffentlichung handelt es sich um die Magisterarbeit des Autoren, die bei der Rheinischen Fridrich-Wilhelms-Universität in Bonn vorgelegt wurde.[10]

Rippert wählt die klassische Gleiderung einer wissenschaftlichen Arbeit in Einleitung mit Fragestellung, einem untergliederten Hauptteil und einer Schlussbetrachtung. Er versucht dabei vornehmlich die Darstellung und Bewertung der energiepolitischen Beziehungen, sowie eine Prognose für die zukünftige Entwicklung derselben[11].

Seinen Hauptteil untergliedert er in fünf Teile, in denen er zunächst die einzelstaatlichen, danach die europäischen Interessen aufzeigt. Nach einer Betrachtung aus russischer Perspektive, geht er aus die Russisch-Europäische Energiepartnerschaft ein. Zu jedem dieser Unterkapitel zieht der Autor ein zusammenfassendes Zwischenfazit. Die Schlussbetrachtung leistet dann einen Ausblick und einige Entwicklungsprognosen zu den strittigen Fragen.

„Sebastién Rippert wurde 1983 in Brüssel (...) geboren" und genoss eine internationale Schulbildung. Nach dem „(...)Wehrdienst an der Technischen Schule des Heeres in Aachen (...)" studierte er „ (…) Politische Wissenschaft, Romanistik/Französische Philologie und Verfassungs-Sozial und Wirtschaftsgeschichte (..)" in Bonn [12]. Da diese Monographie seine Magisterarbeit ist, sind von ihm keine weiteren einschlägigen Veröffentlichungen erhältlich.

II.3   Janusz Bugajski: Expanding Eurasia. Russia's European Ambitions, Center for Strategic and International Studies, Washington D.C. 2008.

Die Monographie „Expanding Eurasia" von Janusz Buggajski ist im Jahre 2008 gebunden vom Internationalen Institut für Strategische und Internationale Studien in Washington D.C. Herausgegeben worden. Sie geht im Titel nicht auf die Energiepolitik ein, obwohl dies einen

---

10 Vgl.: Ebd. S. 5.
11 Vgl.: Ebd. S. 14.
12 Ebd., S. 218.

entscheidenden Teil des Buches einnimmt. Zunächst geht er in seiner Einleitung und im ersten Teil der Hauptbetrachtung auf die gegenwärtige Einflusssphäre Russlands ein. Dabei baut er bereits in der Einleitung den starken und das ganze Buch durchziehenden Gegensatz zwischen „Atlantizismus" und „Eurasismus" auf.

In den folgenden Kapiteln baut er argumentativ auf diese Einleitung auf und zeichnet das Bild eines neo-imperialistischen Russlands. Die Energiepolitik und das russische Erdgas betrachtet und beleuchtet er als Waffe bei den Außeninteressen[13], und geht schließlich auf transnationale und wirtschaftliche Dimensionen der von ihm postulierten russischen Machtpolitik ein.

Das Werk schließt mit einer Reihe von politischen Forderungen sowohl an europäische Staaten, als auch an die Vereinigten Staaten. Auch er gibt Prognosen für zukünftige Entwicklungen der energiepolitischen und machtpolitischen Beziehungen der relevanten Akteure – vor allem Russlands – ab.

Das Werk wurde durch das Center for International and Strategical Studies, einem US-Amerikanischen Think Tank, in Washington D.C. verlegt. Die Institution nimmt für sich selbst in Anspruch die außenpolitischen Beziehungen der Welt zugunsten der US-Amerikanischen Nation zu beleuchten und zu bewerten. Der Autor selbst nimmt als Leiter des Osteuropaprogramms des CSIS eine hohe Stellung in dieser Organisation ein. Er ist in den Vereinigten Staaten ein gefragter Kommentator und Berater in Sachen russicher Politik. [14]

---

13 Vgl.: Bugajski, Janusz: Expanding Eurasia. Russia's European Ambitions, Center for Strategic and International Studies, Washington D.C. 2008, S. 73 ff.

14 Vgl. http://csis.org/expert/janusz-bugajski (Abruf vom 11.09.09).

II. Vergleich der Titel

In diesem Abschnitt stelle ich die oben vorgestellten Bücher in einzelnen Kriterien gegenüber, um so die Unterschiede zwischen den Autoren, ihren Aussagen und Beweisführungen herauszustellen. Um dies in nachvollziehbarer Form zu leisten orientiere ich mich an sechs Themenfeldern zum Vergleich. Dabei beziehe ich mich zunächst auf die Art und Weise der Argumentation, das politische Grundverständnis und die dahinter liegenden politischen Theorien. Anschließend wird das Russlandbild in allen drei Monographien betrachtet. Anschließend gehe ich auf die Quellen der Autoren und deren Benutzung, sowie die Arbeitsweise ein. Dies leitet zum Vergleich der abgegebenen politischen Prognosen und der Einordnung der Werke in einen Gesamtzusammenhang über.

III. 1 Argumentationsstränge

Wie bereits in der Vorstellung der Bücher durch die sehr unterschiedlichen Publikations-zusammenhänge zu erahnen, unterscheiden sich die Werke in der verwendeten Argumentation stark. Dies steht in direktem Zusammenhang mit der Aussageintention der jeweiligen Autoren.

Rahr nutzt, vermutlich um die Leser interessiert in Materie zu ziehen, zunächst eine Schlaglichttechnik. Dabei knüpft er an – in Deutschland – stereotypische Klischees an. Er berichtet beispielsweise von persönlichen Erlebnissen, wie dem Verwiesenwerden aus einem Juwelier in Berlin wegen superreicher russischer Kundschaft.[15] Aus diesen fast schon anekdotenhaften Einzelheiten stellt er Zusammenhänge zur großen Politik her. Zunächst konnotiert er Russland negativ und baut dies im Kapitel „Defektes Russland" zu einer regelrechten „Anklageschrift"[16] aus. Im zweiten Teil des Buches liefert Rahr eine ausgefeilte und gut nachvollziehbare Innenansicht der Machtstrukturen des modernen Russland im Zeitalter Putin. Hierbei geht er insbesondere auf den Präsidentschaftswechsel zwischen Putin und Medwedew ein, den er in allen Phasen durchdringt.[17] Nach der Kenntnisreichen Analyse zeigt Rahr die Möglichkeiten einer Partnerschaft mit Russland auf, wobei er in sowohl historische Bezüge herstellt,[18] als auch die Möglichkeiten für neue Wege im

---

15 Vgl. Rahr, S. 10.
16 Rahr, S. 43 ff.
17 Vgl. Rahr, S. 166 ff., S. 150 ff.
18 Vgl. Rahr, S. 187 f.

Verhältnis zu Russland sieht.[19]

Zum Ende zeichnet der Autor ein immer positiveres Russlandbild. Dieses geht vor allem mit den Personen Medwedew und Putin einher. Letzteren bezeichnet er sogar als „Mythos"[20] So endet das Buch mit einem gleichwohl positivem Blick auf Russland als Weltmacht und die deutschen und europäischen Möglichkeiten in diesem politischen Raum.

Aufgrund der anderen Art von Veröffentlichung sind der Einstieg und auch die weitere Argumentation bei Rippert ungleich unspektakulärer. In seiner Einleitung begründet er zunächst das Forschungsinteresse am Themenkomplex. Seine zentralen Untersuchungspunkte stellt er deutlich heraus.[21]

Auch im ersten Kapitel arbeitet er problemorientiert und stellt zunächst die Energiepolitiken Deutschlands, Großbritanniens, Frankreichs und schließlich der mittelosteuropäischen Staaten vor. Russland selbst kommt in diesem Teil nur als Energielieferant und bei den Beschreibungen zu den neuen EU-Mitgliedsstaaten am Rande als Akteur vor.

Im folgenden Kapitel stellt Rippert die bestehenden Rechtsverträge und die Probleme bei der Entwicklung einer europäischen Energiepolitik dar. Dabei zeigt er sehr deutlich, dass vor allem die nationalen Interessen der Mitgliedsstaaten der Europäischen Union und die Probleme mit der Europäischen Engergiecharta Russland eine so erfolgreiche Energiepolitik ermöglichen.[22]

Im letzten Kapitel seines Hauptteils beschäftigt sich der Autor dann mit der möglichen zukünftigen Zusammenarbeit der Europäischen Union mit Russland im Energiesektor. Im Zuge dessen geht er detailliert auf die russische Machtpolitik und die Zersplitterung der europäischen Staaten aufgrund der unterschiedlichen Pipelineprojekte im Erdgasbereich ein..[23] In seiner Schlussbetrachtung plädiert der Autor dann für eine ausgewogene Energiepolitik und einen rechtsbasierten Dialog mit Russland. Er schließt jedoch nicht aus, dass hierbei auch „Gefährdungspotential entwickeln,"[24] kann.

Während Rahr populär und eher russlandfreundlich argumentiert und Rippert sehr zurückhaltend Fakten gewichtet, zeigt sich bei Bugajski eine in sich schlüssige russlandkritische Argumentationslinie. Bereits in der Einleitung stellt er die These auf: „Russia is reasserting its

---

19 Vgl. Ebd., S.211 ff.
20 Ebd., S. 269.
21 Vgl. Rippert, S. 14 f.
22 Vgl. Ebd., S.78.
23 Vgl. Ebd., S. 168 ff. (Nabucco) S. 175 ff. (North Stream).
24 Ebd., S. 192.

global reach by seeking to contain the further expansion of the Western or Euro-Atlantic zone and by reversing the global role of the United States.“[25] Diese Thesen vertieft der Autor in der Einleitung und belegt an aktuellen realpolitischen Entwicklungen und Äußerungen von Politikern und Instiutionen die expansiven Ziele russischer Außenpolitik. Nach eigener Aussage hat der Autor das Ziel die expansive Außenpolitik des „Putinismus" („Putinism")[26] zu beleuchten und zu untersuchen „...how Europe and the United States can defend their national security interests by counteracting the damaging strategic impact of a resurgent Russia.“[27]

Die folgenden Kapitel beschäftigen sich demnach zunächst mit dem gegenwärtigen Einfluss Russlands auf Nachbarn und andere internationale Akteure. Im folgenden umschreibt Bugajski die auswärtigen Beziehungen Russlands im Kapitel „Fracturing the West: Divisive Diplomacy"[28] und möchte hier zeigen, wie Russland sowohl mit bilateralen, als auch institutionellen Mitteln versucht die Handlungsalternativen Europas und der USA einzuschränken.

Die folgenden beiden Kapitel gehen als Kernstück der Monographie auf die Energiemärkte als Waffe ein. Dabei versucht der Autor an Strukturen, politischen Entwicklungen und wirtschaftlichen Aktivitäten russischer Akteure den Einsatz der Energie als politisches Druckmittel und Waffe zu zeigen.

Das letzte Kapitel des Hauptteils wurde offenbar durch den Georgienkonflikt noch der Abhandlung hinzugefügt. Hier argumentiert der Autor, die vorher bezeichnete Strategie setze sich auch militärisch fort. Im Nachwort werden dann konkrete Forderungen gestellt, wie die Politik verschiedener Staaten auf die zuvor ausdifferenzierte russische Bedrohung reagieren sollten.

III. 2 politisches Grundverständnis

Ähnlich unterschiedlich wie die Argumentationsweisen ist auch das politische Verständnis, dass den jeweiligen Arbeiten zu Grunde liegt. Dies wird an Nomenklatur, gewählten Beispielen und Einordnung von Ereignissen deutlich.

Rahr sieht Politik offenbar vor allem akteursbezogen. Er geht in mehreren Kapiteln – zum Teil sehr intensiv und aus persönlichen Erfahrungen schöpfend – auf Putin und andere wichtige russische Politiker ein. Denhingegen spielen Institutionen, wie das Parlament oder Parteien nur eine

---

25 Bugajski, S. 1
26 Ebd., S. 17
27 Ebd., S. 18
28 Ebd., S. 43 ff.

10

untergeordnete Rolle. Auch die wichtigen internationalen Vereinbarungen und diplomatischen Vorgänge verknüpft er fast immer direkt mit der persönlichen Ebene zwischen den Staatsleuten.[29].

Ferner ist – insbesondere bei dem fiktiven Abschlussdialog auf den ich noch eingehen werde – auch ein konstruktivistischer Ansatz zu erkennen. Durch die ausgeprägte persönliche Expertise zeigt Rahr immer die Personen hinter dem Staat und argumentiert dadurch fast nie nach den Denkschemata des Realismus.

In der Arbeit von Rippert sind verschiedene Ansätze des politischen Verständnisses zu beobachten. Anfangs stellt er nationale Energieprogramme vor. Hierbei ist die Argumentation durchaus als Neorealistisch zu bezeichnen, insbesondere, wenn er die polnische Engergiepolitik mit der Sicherheitspolitik verknüpft.[30]

Im zweiten Teil der Abhandlung zeigt sich der Autor eher als Institutionalist. Die geschaffenen gemeinsamen europäischen Dokumente sieht er als durchweg positiv an und kritisiert gleichzeitig die mangelnde europäische Integration in Energiefragen..[31]

Kurze liberalistische Ansätze – bei der Behandlung von Energiekonzernen im untersuchten Spannungsfeld – werden dann wieder von realistischen Erklärungsmustern überlagert. Insbesondere die Abschlussbetrachtung einer möglichen Energiepartnerschaft mit Russland nimmt dann deutlich neorealistische Züge an. Auch durch den fehlenden persönlichen Zugang gelingt es Rippert nicht so wie Rahr eine Verbindung zwischen Vorgängen und Akteuren herzustellen.

Sehr viel deutlicher und ausgeprägter ist hingegen das Verständnis von Bugajski. Er argumentiert streng nach dem Weltbild des Neorealismus. Gleich in seiner Einleitung sieht er die Existenz von Einflusssphären und die Theorie der Pax Americana als gegeben an.[32]

Auch die Betrachtung der Europäischen Union als Zweckgemeinschaft, die durch russische Bilateralitätspolitik unterminiert werde[33], passt in dieses Verständnis. Lediglich im fünften Kapitel, dass sich mit der transnational-wirtschaftlichen Dimension der russischen Außenpolitik beschäftigt, wagt er einen tieferen Blick in das System. Die liberalistischen Ansätze sind aber nicht sehr stark ausgeprägt, da er die Staatsunternehmen sogleich als staatliche Machtmittel im Sinne des Neorealismus einordnet.

---

29 Vgl. Rahr, S. 24 f.
30 Vgl. Rippert, S. 53.
31 Vgl. Ebd., S. 78.
32 Vgl. Bugajski, S.1.
33 Vgl. Ebd., S. 43.

III. 3 Russlandbild

Wie bereits in den Betrachtungen zu Argumentation und politischem Verständnis angeklungen, ist auch das Bild, welches die drei Autoren von Russland zeichnen stark unterschiedlich gefärbt.

Das weit positivste Bild hat Rahr. Er zeigt zwar gleich zu Anfang seiner Monographie die Probleme und negativen Seiten Russlands auf. Jedoch relativiert er diese und setzt positive Kontrapunkte – vor allem durch und mit der Person Putins. Nach Meinung Rahrs ist eine deutsche Kooperation mit Russland nicht nur gut, sondern nötig.[34]

Rippert geht neutral an Russland als Akteur heran. Er geht zwar von nationalen russischen Interessen aus, wie er auch von nationalen Interessen anderer Staaten im Energiesektor ausgeht. Jedoch sieht er eine klare gegenseitige Abhängigkeit zwischen Russland und Europa. Während die Europäer auf die Energieträger angewiesen seien, bräuchten die Russen Investitionen. So sieht er Russland zwar als schwierigen Partner mit Gefährdungspotential, der sich aber durch diese Abhängigkeit auch beeinflussen lassen kann.

Bugajski hingegen hat ein durchweg negatives Bild von Russland. Bereits in seiner Einleitung stellt er fest, dass nach dem Ende der Post-Kalt-Krieg-Phase Russland sich wieder zu einem imperialistischem und expansiven Staat entwickelt habe, der vor allem auf Machtgewinn und Rückgewinnung Anfang der 1990er Jahre verlorener Territorien hinstrebe. An diesem Russlandbild richtet der Autor seine ganze Monographie aus und stellt es auch nicht in Frage.

III. 4 Quellen und deren Verwendung

Auch bei den verwendeten Quellen und deren Nachweis ist die Gestaltung der drei Bücher stark unterschiedlich. Rahr arbeitet in seinem Werk ganz ohne Fußnoten und Quellenangaben. Viele Fakten entnimmt der dem Vernehmen nach aus eigenem Wissen und eigener Erfahrung. Von seinen persönlichen Kontakten und der offenbar nicht unwesentlichen Kenntnis der Interna des russischen Regierungsapparates leben weite Teile des Buches.
Am Ende des Werkes gibt er zwar Hinweise zu weiterführender Literatur, begründet diese Auswahl aber ebenfalls nicht. Dadurch werden viele Aussagen nicht nachvollziehbar. Ob und inwiefern diese Behauptungen fundiert sind, scheint daher fraglich.

---

34 Vgl. Rahr, S. 226.

Rippert hingegen arbeitet hier wesentlich genauer und umfangreicher an Quellen. Sein Literaturverzeichnis umfasst mehr als 100 Veröffentlichungen.[35] Dabei fällt vor allem die Mehrsprachigkeit und die Bezugswege der Quellen ins Auge. Der Autor verwendet Veröffentlichungen vornehmlich deutscher, aber auch englischer und französischer Sprache. Etwa Viertel der Quellen stammen aus dem Internet und sind als Links zum Download angegeben. Dies weist auf eine zeitgemäße und recherchekräftige Arbeitsweise hin.

Mit noch mehr Quellen als Rippert arbeitet die Veröffentlichung von Bugajski. Er stellt den Quellennachweis an das Ende jeden Kapitels. Dabei schwankt die Anzahl der verwendeten Quellen je Kapitel zwischen 30 und über 100.[36] Dabei fällt auf, dass er vor allem auch journalistische Quellen in seine Betrachtung einbezieht. Vor allem Entscheideräußerungen in Interviews und auf internationalen Kongressen macht er zum Teil seiner Betrachtung. Dadurch zeigt sich das Werk als in Recherchearbeit sehr umfangreiche Arbeit. In welcher Weise er dabei die medialen Äußerungen einseitig in seine Betrachtung einbezieht, bleibt zu untersuchen.

III. 5 politische Prognosen

Alle drei Autoren gehen von einem Aufstieg Russland und einem Machtzuwachs durch die Faktoren der Energiepolitik aus. Sie unterscheiden sich in der Ausgestaltung des Machtausbaus und der Bewertung dieses Fakts.

Rahr sieht die Machterweiterung Russland und einen Wiederaufstieg zur Großmacht als Fakt, den der Westen nutzen könne, auch wenn insbesondere die Regierung Merkel die deutschen Anleihen zur Einflussnahme weites gehend verspielt habe.[37] Die Energiemärkte sieht Rahr hierbei zwar als Schlüsselmärkte für den wirtschaftlichen Aufstieg, versteht sie selbst aber kaum als Politikum. Ferner gibt er Russland innen- wie geopolitisch durchaus Chancen sich in einer mehr oder weniger liberalen Weise zu entwickeln. Dabei kommt der Person Putin nach Rahr Darstellung eine besondere lenkende und positiv wirkende Kraft zu.[38]

Rippert macht vornehmlich Aussagen im Fachbereich der Energiepolitik. Andere Faktoren werden nur am Rande berücksichtigt. Auch wenn die Europäische Energiecharter nicht von Russland

---

35 Vgl. Rippert, S. 199-215.
36 Vgl. Bugajski, S. 157 ff.
37 Vgl. Rahr, S. 225 ff.
38 Vgl. Ebd., S. 267 ff.

ratifiziert wurde, geht Rippert davon aus, dass die europäische Versorgungssicherheit mit Engergieträgern mittelfristig nicht in Frage steht.[39] Langfristig bestehe nach Rippert zwar die Möglichkeit einer Diversifizierung der Lieferwege – insbesondere in Richtung Nordamerika und Asien – jedoch bleibe bis auf Weiteres eine Interdependenz zwischen Russland als Energielieferant und Europa als Abnehmer und Investor bestehen. Diese garantiere ein relatives Gleichgewicht. „Russland (…) [sei in absehbarer Zeit] nicht in der Lage die Energieträger als politisches Druckmittel einzusetzen."[40]

Ganz anders sehen die Prognosen Bugajskis aus. Er sieht Russland als wieder imperialistisch agierenden Staat, welcher in der Energiepolitik ein hervorragendes Mittel zur Machtdurchsetzung im Euro-Atlantischen Raum gefunden habe.[41] So werde Russland weiter versuchen europäische Institutionen zu unterminieren; im Zuge dessen würde „A large coalition or larger European countries, including France, Germany and Italy (…) even sacrifice some basic European values for interest."[42] Diese Entwicklung sei nur aufzuhalten, wenn eine einheitliche und kodifizeirte Russlandstrategie innerhalb der EU beschlossen und durchgesetzt werde.[43] Ebenfalls russlandkritisch äußert sich der Autor in Bezug auf die so genannten gefrorenen Konflikte in Moldawien, Weißrussland und der Ukraine. Daher rät er an: „The [European] Union must act more resolutly (…) [and mobilize] a multinational peacekeeping mission [for] (…) Moldova's Transnistria region to prevent a repitition of the Grorgian scenario.".[44] In jedem Fall werde Russland weiterhin eine imperialistische Politik verfolgen, bei dem Gas vor allem die Rolle zukomme, die EU zu spalten.[45]

III. 6 Werkzusammenhänge

Rahrs Buch richtet sich nicht an eine spezielle Zielgruppe. Es ist als einzelne Monographie in einem allgemeinen Buchverlag erschienen. Es ist ausgesprochen populär. So ist eine Broschur des Werkes auch in großen Taschenbuchhandlungen zu finden. In vielen öffentlichen und Fachbibliotheken ist er – meist sogar in mehrfacher Ausfertigung – angeschafft. Im Buch selbst wird weder auf die DGAP als Rahrs Wirkungsstätte noch anderweitig auf den Hintergrund des Autoren als

---

39 Vgl. Rippert, S. 190.
40 Vgl. Ebd., S. 191.
41 Vgl. Bugajski, S. 164.
42 Ebd., S. 165.
43 Vgl. Ebd. S 168.
44 Ebd., S. 170.
45 Vgl. Ebd., S. 177 f.

Politikberater hingewiesen.

Das Werk von Rippert ordnet sich deutlicher ein. Es handelt sich um eine Magisterarbeit, die im Nachhinein verlegt wurde. Der zur Erlangung eines akademischen Grades vorgelegte Text kann daher auch in den Zussammenhang der aktuellen Forschung eingeordnet werden. Die Intention und der Hintergrund des Autoren sind klar. Auf die entsprechenden Fakten wird innerhalb des Buches hingewiesen. Zeitlich ist es die aktuellste der Veröffentlichungen. Insbesondere den Rahr erwähnt Rippert in seiner Literaturübersicht. Das Werk ist zwar im Buchhandel lieferbar, jedoch bei Weitem nicht so populär wie der Rahr.

Bugajskis Werk ist ebenfalls klar einzuordnen. Es richtet sich an politische Entscheidungsträger und sonstige Eliten, die mit dem sicherheitspolitischem Entscheidungsprozess befasst sind. Erschienen ist es beim Center for Strategic and International Studies, einem der führenden Think Tanks im Bereich der US-Amerikanischen Sicherheits- und Militärpolitik. Es handelt sich um eine spezielle Veröffentlichung, die hierzulande nur schwer zu bekommen ist. Zwar ist das Werk bei Google Books im Volltext verfügbar, aber nur eine deutsche Bibliothek im GVK Verbund hatte es zur Verfügung. Auf den militärischen und sonstigen Hintergrund des Autors und der Veröffentlichungsinstitution wird eingegangen. Der Recherche- und Erstellungszeitraum liegt etwa in dem des Rahr.

III. Bewertung der Titel

III.1 Alexander Rahr: Russland gibt Gas. Die Rückkehr einer Weltmacht, München 2008

Das Buch von Alexander Rahr ist ein in sich geschlossener und auch in weiten Teilen schlüssiger Text zur aktuellen Lage Russlands und seiner jüngsten politischen Geschichte. Dabei geht der Autor, der eigentlich wissenschaftlichen Hintergrund hat, kaum wissenschaftlich vor. Die Arbeit hat eher einen journalistischen Anstrich und soll ein offenbar möglichst breites Publikum ansprechen. Dabei wird der Leser zunächst mit einem stereotypischen Russlandbild konfrontiert. Aus verschiedenen Bereichen werden die Bilder eines in sich desolaten Landes aneinandergereiht. Damit greift der Autor populäre Klischees auf, die er zum Teil belegt. Jedoch unterscheidet er nicht oder kaum zwischen Eindruck und Wirklichkeit. Die wenigsten Aussagen werden mit Zahlen oder anderen Belegen nachvollziehbar gemacht. Stattdessen argumentiert er aus seiner eigenen Erfahrung im Land.

Sehr eindrucksvoll – und ebenfalls von intensiven eigenen Erfahrungen mit der russischen Staatsspitze geprägt – sind dann die Erläuterungen zur Funktion des heutigen russischen Staatsapparates. Dabei arbeitet er vor allem akteursorientiert und portraitiert neben Putin und Medwedew auch andere, weniger bekannte Politiker. Die Zusammenhänge zwischen den wirtschaftlichen Entwicklungen, der Rüstung, der Energie und dem Machtfaktor Geheimdienst zeigt er ausführlich auf. Leider fehlt es auch hier an Belegen oder Quellen für die gemachten Ausführungen.

Mehr als sechzig Seiten widmet sich der Autor dann dem Machtwechsel von Putin zu Medwedew. Im Rahmen dessen offenbart er nochmals seine enormen Insiderkenntnisse im Bereich der russischen Regierung und des deutsch-russischen Dialogs. Immer wieder flechtet er in den Text Anekdoten ein, die einerseits Personen treffend charakterisieren, andererseits aber nicht der Sachlichkeit zuträglich sind. Mit diesem Abschnitt zeigt er vor allem das machtpolitische Geschick Putins, den er zum Ende ohnehin als Mythos bezeichnet (s.o.). So eindrucksvoll diese Innenansicht sein kann, so fehlen jedoch wichtige Aspekte der Innenpolitik Russlands. Die Vorgänge im Kaukasus und die Macht der Geheimdienste wird zwar erwähnt, aber nicht oder nicht negativ bewertet. Russlands Rolle bei internationalen Konflikten, beispielsweise mit den baltischen Staaten, die in diese Zeit fallen, kommen nicht oder nur als Randnotizen vor. Die Konflikte mit der Ukraine und Moldawien sind nicht präsent.

Die Energiepolitik wird von ihm zwar beleuchtet, stellt aber – im Gegensatz zu Konnotation des

Titels – nicht den Schwerpunkt des Buches dar. Auch hier gilt: Trotz der interessanten Ausführungen über Gazprom und die Yukos Affaire fehlt es an Belegen und es wird die russlandkritische Perspektive höchstens gestreift.

In der anschließenden Betrachtung möglicher Zusammenarbeit schlägt der Autor die Brücken bis zur Ostpolitik Willy Brandts. Dabei geht er zwar auf die Probleme zwischen Normen der Europäischen Union und Russlands ein, betrachtet sie aber nicht tiefgreifend genug. Viel mehr lassen sich seine Aussagen dahingehend zusammenfassen, dass die Europäer zu sehr – geradezu religiös - auf ihren Normen und Werten im Kontakt und Konflikt mit Russland beharrten.

Sehr seltsam mutet dann das Kapitel „Strategiegespräch auf einer Datscha"[46] an. Dabei unterhalten sich mehrere fiktive Personen – unter anderem ein Deutscher, mehrere Russen – und geben personifiziert die Ansichten verschiedener Akteure und/oder politischer Strömungen wieder. Dieses Laientheaterstück ist als Zusammenfassung der einzelnen Position sehr fragwürdig zu betrachten. Einerseits ist nicht von der Hand zu weisen, dass dies vor allem für Leser, die nicht in die Materie eingearbeitet sind eine gute und unterhaltsame Möglichkeit zur Zusammenfassung im Stile einer Seifenoper ist. Andererseits halte ich diese Methode für unvorteilhaft, da sie viele Teilaspekte zu stark abstrahiert damit Fakten auf der Strecke bleiben. Vom Standpunkt einer objektiven Betrachtung, oder gar einer wissenschaftlichen Arbeit ist dieser Abschnitt unhaltbar.

Insgesamt ist das Buch einfach zu lesen und bietet einen guten Überblick über die Materie. Aufgrund der fehlenden Quellen und Nachweise, sowie der anderen aufgezeigten Reserven stufe ich es als populärwissenschaftlich ein. Es ist sehr gut dazu geeignet, sich einen Einstieg in das Thema zu verschaffen, jedoch für weitergehende, wissenschaftliche Betrachtungen nur sehr begrenzt geeignet.

III.2 Sébastien Rippert: Die energeipolitischen Beziehungen zwischen der Europäischen Union und Russland 2000-2007, Forum junge Politikwissenschaft, Band 16, Bonn 2008.

Mit seiner Arbeit legt Rippert einen ausführlichen und ausgesprochen fundierten Überblick über die Energiebeziehungen zwischen der EU und Russland vor. Das Erkenntnisinteresse formuliert er klar und sehr umfangreich. Die nachfolgende Darstellung der nationalen Energiestrategien wichtiger europäischer Akteure sind nachvollziehbar. Dabei stellt er die jeweiligen Konzepte anhand der entsprechenden offiziellen Dokumente vor. Ferner leistet er, diese Dokumente in die jeweiligen

---

46 Vgl. Rahr, S. 228 ff.

politischen Konzeptionen und nationalen Interessen einzuordnen. Hierbei hebt er die Bedeutung Russlands vor allem als Energielieferant Deutschlands und im Konflikt mit den mittelosteuropäischen Staaten hervor. Hier belässt er es ebenfalls nicht bei der einfachen Konfliktdarstellung, sondern geht auch auf die Konfliktursachen und die historischen, wirtschaftlichen und politischen Hintergründe der Energiekonflikte mit den drei baltischen Staaten und Polen ein.

Daraus leitet er die Notwendigkeit einer europäischen Energiestrategie ab, die er nachvollziehbar als Konzept erläutert und begründet, ohne dabei in Dogmatiken oder Argumentationen nach nationalen Interessen zu nutzen. Auch die anschließende Darstellung der bereits vorhandenen politischen Grundlagen und Dokumente bezüglich der Versorgungssicherheit und Energiepolitik ist schlüssig und stützt sich auf die einschlägigen Dokumente und Veröffentlichungen. Dabei geht er auch auf die Gründe für die bislang sehr geringe Europäische Integration in Energiefragen ein.

Erst nachdem er die europäischen Positionen und Interessen der Partikularstaaten und der Union ausformuliert hat, betrachtet er Russland eingehender. Auch hier ist die Argumentation wiederum schlüssig. So geht Rippert zunächst auf die Struktur des russischen Energiewesens ein, um dann die staatliche Kontrolle anzusprechen und Probleme, wie auch Zweifel in der Liefersicherheit aufzuzeigen.

Das abschließende Kapitel zur Europäisch-Russischen Energiepartnerschaft ist dann sehr problemorientiert gearbeitet.

Zu keiner Zeit lässt sich er Autor zu Aussagen hinreißen, die nicht durch vorher angeführte Dokumente belegt oder nachvollziehbar wären. Dadurch fallen seine Prognosen zwar wesentlich verhaltener aus, als die der anderen beiden Autoren. Dafür sind sie aber auch verlässlicher und dem Charakter einer wissenschaftlichen Arbeit angemessener. Seinem Erkenntnisinteresse wird der Autor weitesgehend gerecht. Reserven hat er beim Detailsreichtum der Betrachtung und bei der Beleuchtung unterschiedlicher Perspektiven. Zwar zeigt er mit Frankreich, Großbritannien, Deutschland, Polen und dem Baltikum wichtige europäische Länder und deren energiepolitische Agenda. Jedoch fehlen andere wichtige EU-Mitgliedsstaaten völlig. So wird weder auf Südosteuropa (Rumänien, Bulgarien, Ungarn, Balkan), noch auf Skandinavien eingegangen. Selbst Italien, dass mit der Beteiligung an der South-Stream-Pipeline ein wichtiger Faktor im gegenwärtigen Gas-Konflikt ist, kommt nur als Randnotiz bei der Betrachtung des Pipelinenetzes vor. Leider fehlt ebenso eine Außenansicht der Energiebeziehungen. Besonders eine US-Amerikanische und eine Asiatische Betrachtung der Materie wäre ein Zugewinn für die Arbeit gewesen. Andere energieliefernde Akteure, wie die OPEC oder die Staaten des nördlichen Afrika bleiben ebenso außen vor. Auch wenn die Kaspische Region – hier vor allem der Iran und Georgien

- Berücksichtigung finden, sind die Ausführungen hierzu eher rudimentär und im nur Zusammenhang mit der Nabucco-Pipeline.

Insgesamt leistet Rippert aber mit seiner Veröffentlichung einen guten, wenn auch aus oben genannten Gründen nicht ganz vollständigen Überblick über die energiepolitischen Beziehungen zwischen der EU und Russland. Durch seine Arbeitsweise kann sein Buch auch für wissenschaftliche Zwecke bedenkenlos Verwendung finden. Da es sich erst um die Magisterarbeit des Autoren handelt, ist zu erwarten, dass er noch bestehende Lücken in zukünftigen Veröffentlichungen schließen können wird.

IV.3   Janusz Bugajski: Expanding Eurasia. Russia's European Ambitions, Center for Strategic and International Studies, Washington D.C. 2008.

Mit dem „Expanding Eurasia" hat Janusz Bugajski ein Werk vorgelegt, das im Wesentlichen die These eines erstarkten, imperial wirkenden Russlands zu belegen.

Aus dieser These heraus arbeitet er zunächst die Einflusssphäre Russlands in verschiedenen Bereichen. Vor allem der militärische und Sicherheitspolitische Bereich spielt eine zentrale Rolle. Der Autor legt den Fokus dabei auf die GUS-Staaten und die neuen EU-Mitglieder, die er durch russische Expansion und Aggression besonders gefährdet sieht. In der Recherche und mit den Belegen arbeitet der Autor hervorragend. Vor allem die Auswertung von medialen Quellen wie Radiointerviews, Konferenzvorträgen und ähnlichem untermauern seine Thesen mit Äußerungen der entsprechenden Entscheider.

Auch seine Ausführungen über die diplomatischen, bilateralen Aktivitäten Russlands mit seinen Nachbarn und den europäischen Staaten sind ausgesprochen detailreich aufbereitet und nachvollziehbar.

Der Energiebereich, welcher auch hier den Kern der Veröffentlichung bildet, wird von Bugajski klar als Waffe Russlands in der internationalen Politik eingeordnet. Für ihn ist der politische Einsatz von Energieträgern nicht eine Möglichkeit sondern bereits angewandte Praxis. Die Übersicht über die einzelnen Energiebeziehungen europäischer Staaten zu Russland, als auch die Betrachtung zum Pipelinenetz und dessen Auswirkungen auf die gegenseitige Abhängigkeit der Russen und Europäer von einander sind hingegen wieder weitestgehend wertfrei und in sich schlüssig. Sie wirken gut recherchiert. Gleiches gilt für das Kapitel, in welchem der Autor strategische Erwerbungen russischer Firmen mit Staatsbeteiligung aufzeigt. Dabei setzt er die Firmen mit staatlicher Beteiligung mit dem Staat und einem einheitlichen Regierungswillen gleich, was so selbst im

System Putin kaum haltbar sein dürfte.

Im letzten Kapitel schlägt der Autor dann die Brücke von der Energiepolitik zur Sicherheitspolitik und sieht in der entscheidende Elemente um das Nordatlantische Bündnis zu schwächen und die gefrorenen Konflikte in den GUS-Staaten so so beeinflussen, bzw. die EU aus ihnen herauszuhalten, dass eine eigene Machtstärkung bis hin zur Schaffung eines Eurasischen Einflussraumes möglich werden soll.

Auf der einen Seite steht bei dieser Veröffentlichung die gute Recherche und der sehr umfangreiche Quellenansatz. Andererseits werden die Ereignisse und politische Entscheidungen nur sehr einseitig beleuchtet. Es entsteht der Eindruck, dass sich ähnliche Argumente und Äußerungen auch jeweils für eine anders lautende Position finden lassen würden. Auch dieses Buch würde durch eine Einbeziehung anderer Perspektiven deutlich gewinnen. So werden zwar die nationalen Interessen einzelner Staaten im Bezug auf Energie und Russland genannt. Eine ausformulierte Einzelbetrachtung fehlt jedoch. Ferner wird ein imperiales Streben Russlands von vornherein angenommen und während des gesamten Buches auch nicht in Frage gestellt. Eine zweite, gemäßigte Sichtweise wäre bei Verwendung der gleichen Quellen wünschenswert gewesen.

Zusammenfassend lässt sich feststellen, dass „Expanding Eurasia" zwar ein gut recherchiertes und hoch interessantes Werk ist, welches aber immer mit Blick auf den Werkzusammenhang betrachtet werden muss. Die neokonservative Grundhaltung und die einseitige Bewertung der guten Quellen, sowie deren Deutung stets in die selbe Richtung bieten enorme Reserven.

V. Fazit

Die drei in dieser Arbeit besprochenen Bücher bieten sehr unterschiedliche Sicht- und Herangehensweisen bezüglich der russsichen Außenpolitik und den Energieaußenbeziehungen. Während Rahr einen sehr populären Ansatz wählt und ausgesprochen russlandfreundlich schreibt, ist der Rippert das wissenschaftlich fundierteste, wenn auch am engsten gefasste der drie betrachteten Werke. Der Bugajski hingegen ist zwar handwerklich gut, jedoch in Darstellung und Bewertung in einem Maße russlandkritisch, dass er insgesamt nicht besser als der Rahr einzuschätzen ist.

Um einen Einstieg in das Thema zu erhalten, würde ich dennoch den Rahr empfehlen. Während der Rippert für das Teilgebiet der Energiebeziehungen sehr gut ist, bleibt der Bugajski für einen europäischen Politikwissenschaftler eine interessante, aber wenig relevante Veröffentlichung, die sich vor allem an sicherheitspolitische Kreise in den USA richtet.

Anhang

Verzeichnis verwendeter Medien

Monographien

Bugajski, Janusz: Expanding Eurasia. Russia's European Ambitions, Center for Strategic and International Studies, Washington D.C. 2008.

Rahr, Alexander: Russland gibt Gas. Die Rückkehr einer Weltmacht, München 2008.

Rippert, Sébastien: Die energeipolitischen Beziehungen zwischen der Europäischen Union und Russland 2000-2007, Forum junge Politikwissenschaft, Band 16, Bonn 2008.

Einzeldrucke

Müller, Harald: Festvortrag zur Eröffnung der 26. Sommerakademie des ÖFSK, Stadtschlaining, 05.07.2009

Verein Österreichisches Studienzentrum für Frieden und Konfliktlösung (Hrsg.): Friedens-Forum, Hefte zur Friedensarbeit, 23. Jahrgang, Heft 5-6.

Online – Medien

http://csis.org/expert/janusz-bugajski (Abruf vom 11.09.09).

http://www.petersburger-dialog.de/alexander-rahr (Abruf vom 01.09.2009)